# Luís Pimentel

# PATATIVA do ASSARÉ

## Menino da roça, poeta do povo, cidadão do mundo

Ilustrações de Arielle Martins

1ª edição, 2022

TEXTO © LUÍS PIMENTEL, 2022
ILUSTRAÇÕES © ARIELLE MARTINS, 2022

DIREÇÃO EDITORIAL: Maristela Petrili de Almeida Leite
COORDENAÇÃO DE EDIÇÃO DE TEXTO: Marília Mendes
EDIÇÃO DE TEXTO: Lisabeth Bansi, Patrícia Capano Sanchez,
          Ana Caroline Eden, Giovanna Di Stasi
COORDENAÇÃO DE EDIÇÃO DE ARTE: Camila Fiorenza
ILUSTRAÇÕES DE CAPA E MIOLO: Arielle Martins
FOTO DE CAPA: Jarbas Oliveira/AE/Estadão Conteúdo
PROJETO GRÁFICO E DIAGRAMAÇÃO: Michele Figueredo
COORDENAÇÃO DE ICONOGRAFIA: Luciano Baneza Gabarron
PESQUISA ICONOGRÁFICA: Aline Chiarelli
COORDENAÇÃO DE REVISÃO: Thaís Totino Richter
REVISÃO: Nair Hitomi Kayo
COORDENAÇÃO DE *BUREAU*: Everton L. de Oliveira
PRÉ-IMPRESSÃO: Ricardo Rodrigues, Vitória Sousa
COORDENAÇÃO DE PRODUÇÃO INDUSTRIAL: Wendell Jim C. Monteiro
IMPRESSÃO E ACABAMENTO: EGB Editora Gráfica Bernardi Ltda
Lote: 768783 / 768784
Cod: 120003177 / 130003639

Dados Internacionais de Catalogação na Publicação (CIP)
(Câmara Brasileira do Livro, SP, Brasil)

Pimentel, Luís
    Patativa do Assaré : menino da roça, poeta do
povo, cidadão do mundo / Luís Pimentel ; [ilustração
Arielle Martins]. — São Paulo, SP : Santillana Educação, 2022.

    ISBN 978-85-527-1716-4

    1. Literatura infantojuvenil  2. Patativa do
Assaré, 1909-2002  3. Poetas brasileiros - Biografia
I. Martins, Arielle. II. Título.

22-101559                       CDD-028.5

Índice para catálogo sistemático:
1. Literatura infantil 028.5
2. Literatura infantojuvenil 028.5
Eliete Marques da Silva - Bibliotecária - CRB-8/9380

**EDITORA MODERNA LTDA.**
Rua Padre Adelino, 758 - Quarta Parada
São Paulo - SP - Brasil - CEP 03303-904
Vendas e atendimento: Tel. (11) 2790-1300
www.moderna.com.br
2022
Impresso no Brasil

# Sumário

# O **CANTO** do
# PATATIVA

Poeta é aquele que canta,
dando voz à sua sina.
Seja menino ou menina,
seja peão ou senhor.
O poeta cantador
é o que jamais desafina.
Seja o vislumbre ou o louvor,
canta com a mesma emoção.
Retira o verso do chão,
sem dele tirar partido,
verseja até de ouvido,
basta-lhe um lápis na mão.
Ser poeta é profissão,
mas também é sacerdócio.
Com a pena combate o ócio
e semeia o coração.
Na cidade ou no sertão,
sua palavra é sempre viva.
Encantar é a função
do canto do Patativa.

**Luís Pimentel**

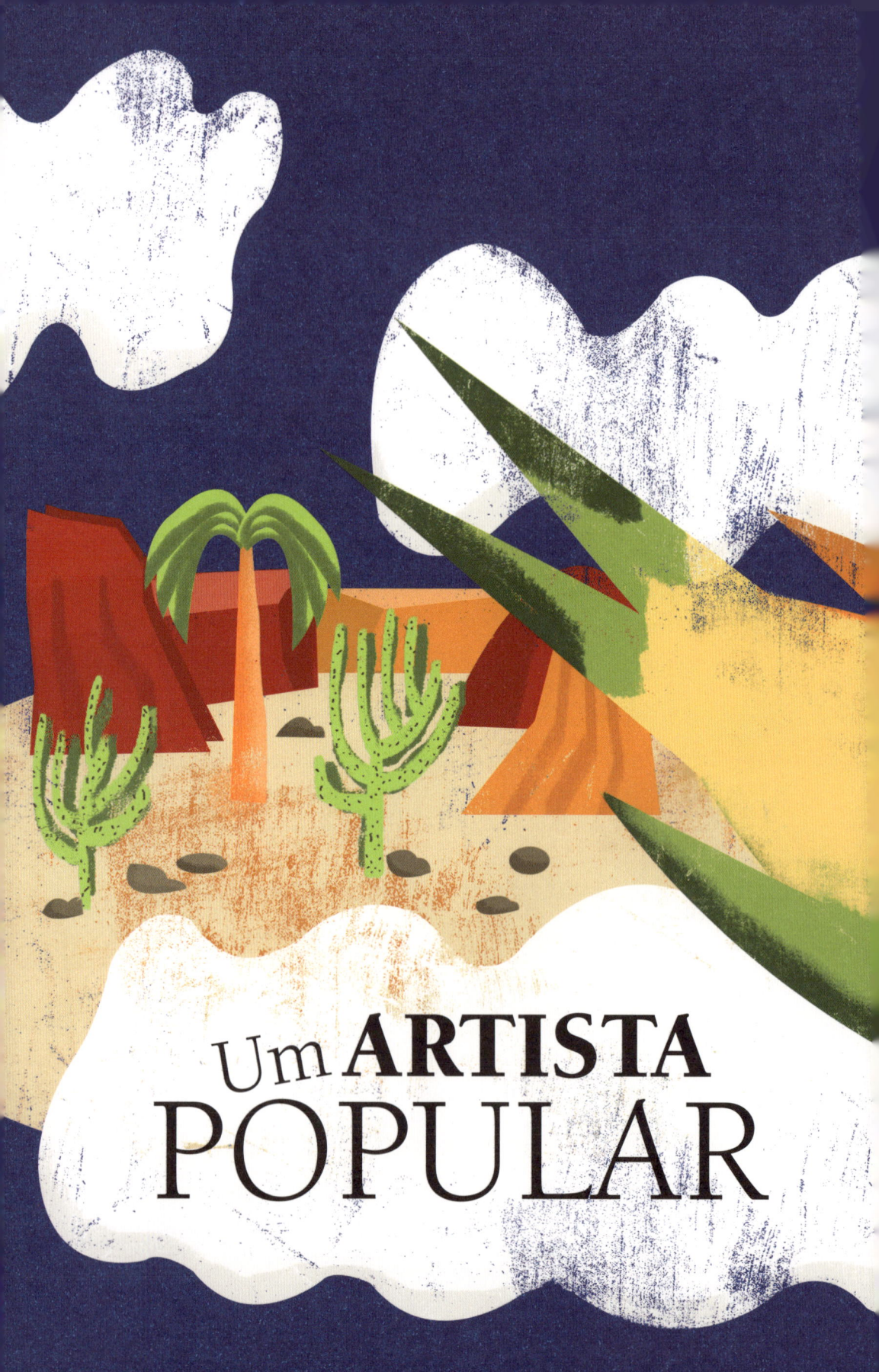

Um **ARTISTA**
POPULAR

É comum, na escola, o contato com a vida e a obra de nomes importantes das nossas letras e das artes, da música, da literatura, do cinema e demais manifestações do pensamento. Assim, nos familiarizamos com criadores de obras significativas, clássicas, perenes e, às vezes, até passamos a nutrir profunda admiração por ele.

Mas sabemos pouco, porque pouco estudamos, sobre a vida e a obra de nomes consagrados pela cultura das cidades, dos sertões, dos rincões ou até mesmo dos guetos: são os chamados artistas populares (poetas de cordel, improvisadores, repentistas), a quem a academia nem sempre presta a devida atenção.

Neste livro, vamos falar de um deles: Patativa do Assaré.

Seu nome de batismo era Antônio Gonçalves da Silva. Nascido no município de Assaré, no Ceará, em 1909, viveu até o comecinho do século XXI, morrendo no ano de 2002. O apelido de Patativa veio quando a beleza rítmica e sonora de sua arte foi comparada ao canto dessa ave.

# Encontro de gigantes

Na década de 1950, o cantor e compositor Luiz Gonzaga (1912-1989), o Gonzagão, já era conhecido, amado e respeitado como o Rei do Baião – título conferido pelo povo brasileiro em homenagem àquele que melhor compunha, tocava e cantava o ritmo preferido do sertanejo do Nordeste. Gonzaga vivia para cima e para baixo, tocando sanfona e cantando em festas juninas, em festas de batizado, de casamento, em feiras livres, nas roças, nos povoados, em praças, em coretos, onde fosse chamado. Nessa época, em todo canto do seu imenso sertão, por onde passava ele ouvia – nos postos de gasolina, nas oficinas, nas pensões, nos bares – alguém cantando os versos de uma toada que começava assim:

*Setembro passou,*
*com oitubro e novembro,*
*Já tamo em dezembro.*
*Meu Deus, que é de nós?*
*Assim fala o pobre*
*Do sêco Nordeste,*
*Com medo da peste,*
*Da fome feroz.* *

\* O poema será reproduzido respeitando a grafia original.

As impressões do Rei do Baião sobre quem seria o autor de versos tão expressivos foram manifestadas em entrevista ao pesquisador da cultura nordestina Assis Ângelo, que mais tarde até as reproduziu em livro. Cada um que cantava dizia ser o autor da música. Então, Luiz Gonzaga correu atrás para averiguar, quando estava em Puxinanã, na Paraíba:

É DO POVO

TODESCHINI

Super 6

– Corri até a rádio e fui logo perguntando: "Zé, de quem é essa música, 'Setembro passou...'?". Ele: "É de um amigo meu, Patativa". Eu: "E como faço para falar com ele?". Zé: "É só ir até o Crato, ao programa do Pedro Bandeira...". Batata! Não deu outra. Fui lá e falei no ar: "Alô, Patativa do Assaré, aqui quem fala é Luiz Gonzaga, o Rei do Baião. Quero gravar *A triste partida*. Procure por mim na casa de Manoelito, que é onde me hospedo". Nem demorou, e ele foi lá. Ficou na cozinha, quieto, de óculos escuros. E eu: "Oxente!, é cego? É você que é o Patativa?". E ele: "Está falando com ele, majestade". Em seguida fomos ao cartório e registramos tudo direitinho; gravei a música e o sucesso é esse que se vê.

Retirado de: ÂNGELO, Assis. *O poeta do povo* – vida e obra de Patativa do Assaré. São Paulo: Editora CPC-Umes, 1999, p. 127.

O poeta havia escrito os versos em formato de literatura de cordel. A melodia foi sendo criada, um acorde aqui outro ali, pelos cantadores de feira que se encarregaram de espalhar a angústia do retirante nordestino que resolve vender tudo o que possui para, fugindo da seca, eterna madrasta da região, tentar a vida com a família em São Paulo, "nas terras do Sul". Mais tarde, antes de gravar, Gonzagão "ajeitou" o ritmo e emprestou sua voz deliciosa para tornar a canção conhecida no Brasil inteiro.

A dolente e linda *A triste partida* de Patativa segue assim:

*A treze do mês*
*Ele fêz esperiença,*
*Perdeu sua crença*
*Nas pedras de sá.*
*Mas nôta esperiença*
*Com gôsto se agarra,*
*Pensando na barra*
*Do alegre Natá,*

*Rompeu-se o Natá,*
*Porém barra não vêio,*
*O só, bem vermeio,*
*Nasceu munto além.*
*Na copa da mata,*
*Buzina a cigarra,*
*Ninguém vê a barra,*
*Pois barra não tem.*

O depoimento de Luiz Gonzaga sobre o encontro com o poeta, cordelista e repentista Patativa do Assaré, cuja bonita história de vida e de poesia vamos acompanhar nessas páginas, é muito significativo para se entender a natureza telúrica e sertaneja desse poeta que fez do homem do povo sua fonte inesgotável de inspiração.

O desdobramento da conversa entre esses dois pilares da arte e da cultura nordestinas aconteceu tempos depois, quando *A triste partida* já era um grande sucesso.

Um ano antes de morrer, Luiz Gonzaga recebeu a visita do poeta em sua casa pernambucana, na cidade de Exu. O reencontro foi presenciado pelo jornalista Expedido Duarte, que registrou algumas falas "num gravador de uso doméstico".

No meio das falas, está este diálogo:

**Patativa: Luiz foi muito mais corajoso do que eu. Ele saiu da sua terra, eu não. Ele sofreu mais do que eu. E a gente só goza fazendo o que gosta e o que quer. Luiz foi um grande herói. Depois de tudo, voltou à sua terra. O que ele arranjou no Sul veio desfrutar em Exu. Ele batalhou, batalhou, batalhou, e veio findar seus dias aqui na sua terra, entre seus familiares, entre seu povo. Mas andamos na mesma estrada; eu, como poeta; e ele interpretando as coisas do povo. Defendemos as mesmas causas. Conheci Luiz Gonzaga através do rádio. Antes de ele gravar *A triste partida*, eu compus para ele um poema chamado *Aos Reis do Baião*. [...]**

**Luiz Gonzaga: Eu gostaria de fazer o que Patativa faz. Ele faz poemas muito bons. [...] Uns a conhecem como *A viagem*, outros pedem que eu cante "aquela do nordestino que vai para o Sul", mas todo mundo gosta dela, que para mim é um verdadeiro hino. Patativa foi o poeta criador, eu fui o cantador, a harmonizei a meu modo, dei ritmo. Gravei *A triste partida* até em ritmo de forró, junto com Gonzaguinha; fez um sucesso danado.**

Retirado de: ÂNGELO, Assis. *O poeta do povo* – vida e obra de Patativa do Assaré. São Paulo: Editora CPC-Umes, 1999, p. 126.

No poema, Patativa saúda Gonzagão como um caboclo nordestino de muita garra, de muita alegria e de musicalidade que levou Pernambuco e o Nordeste a serem reconhecidos em todo o Brasil. Segundo o poeta do povo, Luiz Gonzaga – a quem ele via como um ídolo – era um dos representantes máximos do povo nordestino, do qual ele, Patativa, fazia parte; em quem se inspirava e a quem dedicava profunda admiração.

A bela e pungente toada que, segundo Gonzagão, poucos conheciam pelo título verdadeiro de *A triste partida*, continuava com versos comoventes e de um forte apelo dramático.

Não fique entediado, leitor. É longa, mas é linda.
E prossegue assim:

> Sem chuva na terra
> Descamba janêro,
> Despois feverêro,
> E o mêrmo verão.
> Entonce o rocêro,
> Pensando consigo,
> Diz: isso é castigo!
> Não chove mais não!
>
> Apela p'ra maço,
> Que é o mês preferido
> Do Santo querido,
> Senhô São José.
> Mas nada de chuva!
> Tá tudo sem jeito,
> Lhe foge do peito
> O resto da fé.
>
> Agora pensando
> Segui ôtra tria,
> Chamando a famia
> Começa a dizê:
> Eu vendo meu burro,
> Meu jegue e o cavalo,
> Nós vamo a Sã Palo
> Vivê ou morrê.

Nos vamo a Sã Palo,
Que a coisa tá fêia;
Por terras alêia
Nós vamo vagá.
Se o nosso destino
Não fê tão mesquinho,
Prô mêrmo cantinho
Nós torna a vortá.

E vende o seu burro,
O jumento e o cavalo,
Inté mêrmo o galo
Vêndero também,
Pois logo aparece
Feliz fazendêro,
Por pôco dinheiro
Lhe compra o que tem.

Em riba do carro
Se junta a famia;
Chegou o triste dia,
Já vai viajá.
A sêca terrive,
Que tudo devora,
Lhe bota pra fora
Da terra natá.

*O carro já corre*
*No topo da serra.*
*Oiando pra terra,*
*Seu berço, seu lá.*
*Aquêle nortista,*
*Partido de pena,*
*De longe inda acena:*
*Adeus, Ceará!*

*No dia seguinte,*
*Já tudo enfadado,*
*E o carro embalado,*
*Veloz a corrê,*
*Tão triste, coitado,*
*Falando sodôso,*
*Um fio choroso*
*Escrama, a dizê:*

*— De pena e sodade,*
*Papai, sei que morro!*
*Meu pobre cachorro,*
*Quem dá de comê?*
*Já ôto pergunta:*
*— Mãezinha, e meu gato?*
*Com fome, sem trato,*
*Mimi vai morrê!*

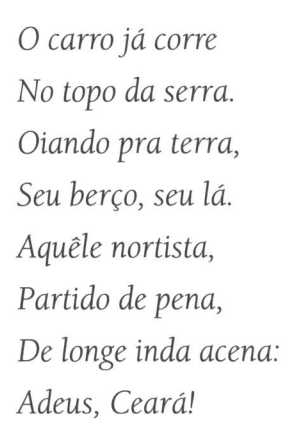

E a linda pequena,
Tremendo de medo:
— Mamãe, meus brinquedo!
Meu pé de fulô!
Meu pé de rosêra,
Coitado, ele seca!
E a minha boneca
Também lá ficou.

E assim vão dêxando,
Com choro e gemido,
Do berço querido
O céu lindo azú.
Os pai pesaroso,
Nos fio pensando,
E o carro rodando
Na estrada do Sú.

Chegaro em Sã Palo –
Sem cobre, quebrado
O pobre, acanhado,
Procura um patrão.
Só vê cara estranha,
Da mais feia gente,
Tudo é diferente
Do caro torrão.

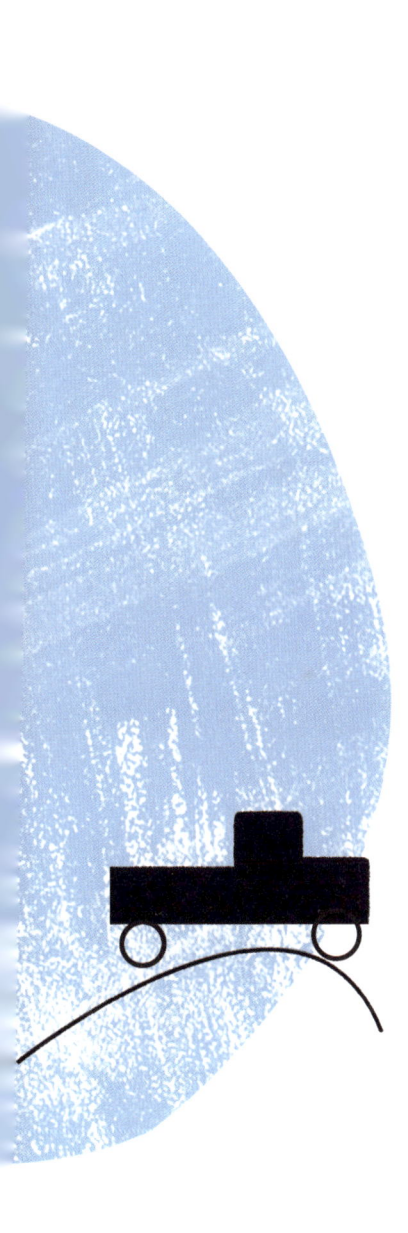

*Trabáia dois ano;*
*Três ano e mais ano,*
*E sempre no prano*
*De um dia inda vim.*
*Mas nunca ele pode,*
*Só véve devendo,*
*E assim vai sofrendo*
*Tromento sem fim.*

*Se arguma notiça*
*Das banda do Norte*
*Tem ele por sorte*
*O gôsto de uvi,*
*Lhe bate no peito*
*Sodade de moio,*
*E as água dos óio*
*Começa a caí.*

*Do mundo afastado,*
*Sofrendo desprêzo,*
*Ali véve preso,*
*Devendo ao patrão.*
*O tempo rolando,*
*Vai dia, vem dia,*
*E aquela famía*
*Não vorta mais não!*

*Distante da terra*
*Tão sêca mas boa,*
*Exposta à garoa,*
*À lama e ao paú,*
*Faz pena o nortista,*
*Tão forte, tão bravo,*
*Vivê como escravo*
*Nas terras do Sú.*

No longo depoimento prestado a Assis Ângelo, Patativa demonstra o quanto ficou orgulhoso com as novas fronteiras que a gravação de Luiz Gonzaga abriu para a sua arte, levando ao interesse de outros compositores e cantores pela sua obra:

"Tenho outra música gravada, *Vaca Estrela e Boi Fubá*. A letra e a música são de minha autoria. Antes de Fagner gravá-la (juntamente com Luiz Gonzaga), eu e ele [Fagner] cantamos muitas vezes em diversos lugares. Eu cantava uma estrofe e ele cantava outra e entoava o aboio. Nós dois juntos. Isso aconteceu na Rádio Educadora, do Crato; no Theatro José de Alencar, em Fortaleza; no Teatro Carlos Gomes, no Rio de Janeiro; no programa Hebe Camargo, da TV Bandeirantes; no Festival de Verão no Guarujá, SP; e no programa Som Brasil, de Rolando Boldrin (TV Globo). Depois disso, Fagner entendeu que quando gravasse *Vaca Estrela e Boi Fubá* faria um grande sucesso. E fez, mesmo. Outro poema meu foi recentemente musicado pelo cantor Mário Mesquita. O poema chama-se *Seu doutô, me conhece?*. Essa música não sei se fez sucesso...".

Retirado de: ÂNGELO, Assis. *O poeta do povo* – vida e obra de Patativa do Assaré. São Paulo: Editora CPC-Umes, 1999, p. 96.

# Uma coisa um pouco penosa

Em 1909, o Brasil vivia momentos promissores. Na política, aquele que viria a ser o futuro presidente da República, Getúlio Dornelles Vargas, começava sua trajetória, elegendo-se deputado estadual no Rio Grande do Sul, pela legenda do PRR (Partido Republicano Riograndense). Na saúde, o médico sanitarista Carlos Chagas finalizava as pesquisas que revelariam à Academia Nacional de Medicina, no mês seguinte, a descoberta de uma nova doença, que vitimou muitos brasileiros, a "tripanossomíase americana", transmitida por um inscto popularmente chamado de "barbeiro", e que ficou conhecida como "doença de Chagas".

Entre uma agrura e outra, apagando as lembranças da estiagem do final do século anterior e antevendo as calamidades dos períodos de secas dos anos vindouros, o Nordeste transpirava angústia nos roçados e alegria nas cidades, tudo retratado pela literatura de cordel. Neste cenário nasceu, no estado do Ceará, na localidade denominada Serra de Santana (no Vale do Cariri, que compreende o sul do Ceará e parte oeste da Paraíba), o menino Antônio Gonçalves da Silva, segundo filho dos modestos agricultores Pedro Gonçalves da Silva e Maria Pereira da Silva.

A infância de Patativa do Assaré foi passada na Serra de Santana, lá no sertão cearense.

**"O relato da minha infância é uma coisa um pouco penosa, porque a minha infância foi uma infância de trabalho que quanta coisa tem. Eu comecei a trabalhar, pequeno mesmo, trabalhando de roça. Meu pai, Pedro Gonçalves da Silva, ele vivia em extrema pobreza e, quando morreu, nos deixou com um diminuto terreno lá no sítio Serra de Santana, onde eu fiquei com os meus irmãos e a minha mãe, trabalhando de roça, desde a minha infância."**

Retirado de: PATATIVA DO ASSARÉ. *Digo e não peço segredo.*
Org. e prefácio de Tadeu Feitosa. São Paulo: Editora Escrituras, 2001.

Menino ainda, Antônio foi apelidado pela família de Sinhozinho e ajudava o pai no serviço de roça: cuidando do gado, consertando cercas, plantando e colhendo. Mais tarde, moço e já um Patativa cantador, o poeta começa a cantar o seu lugar e a luta dos que vinham da mesma cepa com poemas que exaltam o trabalho na roça, o castigo das secas, a esperança de chuvas, a deslumbramento com a primavera ou a beleza das matas no outono.

Patativa, como a ave de canto fácil e inspiração no bico, cantou das dores dos homens aos fenômenos da natureza, como todos os grandes poetas.

# "Com a prática de ler a gente vai descobrindo"

A infância do nosso menino não foi das mais fáceis. Com menos de dois anos de idade, foi acometido de conjuntivite – que ninguém por ali sabia do que se tratava, chamavam de "dor-d'olhos" – e, vitimado também pela falta de recursos comum na roça, perdeu uma vista. Viveu enxergando cinquenta por cento até o fim dos seus dias. Com nove anos perdeu o pai. Com a morte de seu Pedro Gonçalves, dona Maria ficou viúva e com cinco filhos para dar comida, saúde e estudo. Como se vê, muita dureza cruzou o caminho do poeta.

O futuro poeta de Assaré até que tentou banco de escola. Mas não tinha muita paciência e reclamava da incompetência dos abnegados professores do meio do mato, que também pela falta de recursos para se reciclarem, muito pouco sabiam, muito pouco tinham a ensinar. Aprendeu a ler e a escrever sozinho e com 15 anos já fazia sucesso na feira de Assaré, recitando seus cordéis e improvisando repentes, às vezes até contra cantadores famosos.

# Do nascer do sol ao canto dos pássaros

A paixão pela literatura do cordel começou cedo, quando Antônio começou a frequentar a feira livre na cidade de Assaré, a poucos quilômetros da Serra de Santana. Ali, conheceu e se encantou com os folhetos dos grandes repentistas e poetas populares, nomes como os irmãos Lourival, Otacílio e Dimas Batista, Pinto Monteiro, Geraldo Amâncio, Lourinaldo Vitorino, Cego Ederaldo, Zé Pretinho e tantos outros que sempre brilharam entre os apreciadores do que mais tarde um documentário brasileiro, dirigido por Tânia Quaresma, batizou de *Nordeste: cordel, repente, canção*.

Ouvindo os poetas cordelistas e os repentistas nas feiras nordestinas de sua infância, o menino Antônio começou a despertar para a criação. Além de ficar encantado e admirado com a beleza e espontaneidade dos versos, nasceu nele a sensação de que também poderia "fazer aquilo".

E logo começou a criar os seus próprios versos e folhetos. Um dia explicou, em entrevista, o seu processo criativo:

"Com diferença dos outros poetas, porque os outros poetas fazem é escrever. E eu não. Eu faço é pensar e deixo aqui na minha memória. Tudo o que eu tenho, fazia métrica de ouvido. Só de ouvido, mas era bonita. Ah! Era! Era bonito mesmo. A base era a rima e a medida. A medida dos versos, com a rima, tudo direitinho".

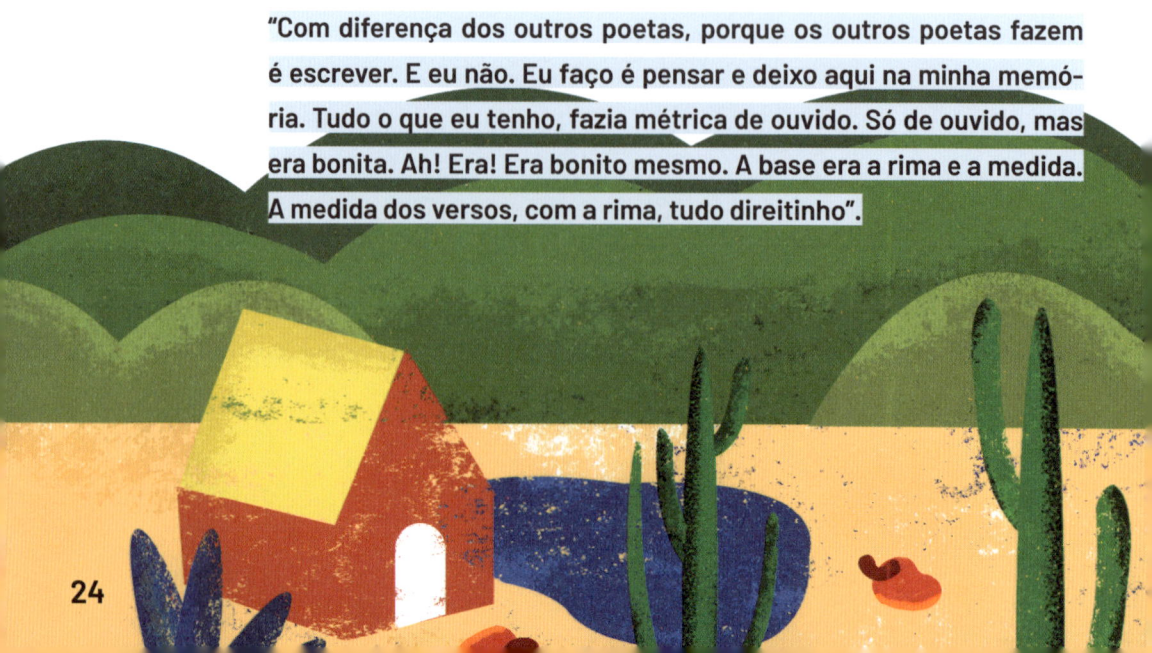

Segundo ele, a criação começou e melhorar e a "se firmar" quando conheceu um livro de versificação de Olavo Bilac e Guimarães Passos. "Aí eu melhorei muito mais. Eu já tinha de ouvido, porque já nasci com o dom, não é?"

Apreciando os versos alheios, o futuro poeta nunca quis ganhar a vida em cima do seu dom. Trabalhou na roça até se aposentar, jamais teve a alegria de ganhar o sustento com a sua arte.

Mesmo depois de ter se tornado um nome popular em todo o Brasil – a partir da gravação de *A triste partida*, por Luiz Gonzaga, e de fazer uma série de *shows* em teatros e universidades do sul do país, em companhia e em parceria com o cantor e compositor Fagner –, Patativa do Assaré manteve-se, até sua triste partida definitiva, em 2002, o mesmo sertanejo humilde dos primeiros anos na roça.

Naquele cenário, tudo, do nascer do sol ao canto dos pássaros, encantava o poeta. O livro *Inspiração nordestina*, um dos mais representativos em sua obra, está coberto de odes e declarações de amor ao "torrão nordestino", onde impera cantos e homenagens a cenários, acidentes geográficos, florestas, rios, vegetação, pássaros e demais viventes do sertão.

O TAL do PATATIVA

Com 20 anos de idade, o futuro poeta de projeção nacional publicou o seu primeiro poema em jornal, da capital de seu estado, o *Correio do Ceará*. Ganhou tapas nas costas dos conterrâneos, muitos parabéns e, do escritor José Carvalho de Brito, responsável por sua apresentação no jornal, o apelido que marcou sua obra, encantou o seu público e o acompanhou pelo resto da vida: Patativa do Assaré.

Neste mesmo ano, o jornalista e escritor José Carvalho, que apesar de cearense morava em Belém, no Pará, lançou um livro muito importante para a linguagem nordestina, *O matuto cearense e o caboclo do Pará*. Nele, há um capítulo inteiro dedicado ao jovem cordelista, sensação do Assaré e da Serra de Santana, o tal do Patativa.

Em 1934, com 25 anos de idade, Patativa do Assaré se casou com a namorada de infância e prima afastada, Belarmina Gonçalves Cidrão. Com ela, o poeta teve 14 filhos, que lhe deram muitos netos e bisnetos. Neste mesmo ano, o político gaúcho que se tornou deputado estadual pela primeira vez no ano de seu nascimento, Getúlio Vargas, foi eleito presidente da República.

Ao completar 30 anos, em 1939, Patativa, já gozava de prestígio entre os conterrâneos, que começava a ultrapassar as fronteiras da Serra de Santana e de Assaré. Poetas de Fortaleza e do Recife já o tinham em boa conta. O ano foi bom para o poeta, mas ruim para o mundo e para o Brasil: o exército nazista de Adolf Hitler pôs na cabeça que ia dominar o mundo, deflagrando a Segunda Guerra Mundial, e entre nós foi criado, por Getúlio, o Departamento de Imprensa e Propaganda – que, na prática, significava o controle dos meios de comunicação e a instalação da ditadura do Estado Novo.

Também não foi um ano bom para o cangaço, que se expandia, mobilizava e assustava os estados nordestinos: o "capitão" Virgulino Ferreira, o famoso Lampião, foi morto pelas forças volantes, que eram pelotões militares ou policiais formados pelo governo.

# O rei do cangaço

Para a literatura de cordel, a morte da Lampião foi proveitosa. Repentistas fizeram a festa nos desafios da feira e vários folhetos foram editados, sendo o mais famoso *A chegada de Lampião no inferno*, belíssima alegoria de José Pacheco da Rocha.

Mas outros poetas do repente e do cordel também cantaram a saga do rei do cangaço, eterno e constante mote de inspiração.

Patativa do Assaré, que gostava muito do folheto sobre Lampião, seguiu a vida de poeta e cantador, admirando cada vez mais os autores do gênero. Em 1954, já um cordelista respeitadíssimo, foi convidado para fazer um programa que fez sucesso na Rádio Araripe, de Fortaleza, falando sobre cultura popular e declamando seus poemas cheios de imagens bonitas e de verdadeiras declarações de amor ao homem do Nordeste, aos caboclos da roça, aos agricultores como ele, e do seu sertão tão querido. E fazendo, também, declarações de amor às sertanejas, como o faz em diversos poemas.

# Inspiração nordestina

No ano de 1954 Patativa conheceu José Arraes de Alencar, tio do futuro governador de Pernambuco, Miguel Arraes, que lhe prometeu fazer todo o esforço para que o poeta lançasse o seu primeiro livro de poemas. *Inspiração nordestina* (Rio de Janeiro: Ed. Borsoi, 1956) foi lançado dois anos depois, graças à promessa, ao empenho e ao prefácio de José Arraes.

O primeiro livro de versos de Patativa do Assaré vem ao mundo em boas companhias. Em 1956 também foram para as livrarias brasileiras outras obras fundamentais: *Grande sertão: veredas*, o clássico do mineiro e cidadão do mundo Guimarães Rosa, e outro marco da poesia nordestina e brasileira, *Morte e vida Severina*, de João Cabral de Melo Neto. Em São Paulo, tendo à frente os irmãos Haroldo e Augusto Campos, além de Décio Pignatari, foi lançado o movimento poético-literário que ficou conhecido como Concretismo.

Alguns anos depois, em 1964, a vida de Patativa do Assaré voltou a cruzar os conturbados caminhos da política brasileira – ou teve a sua vida cruzada por eles. Neste ano, um golpe de estado derrubou o então presidente João Goulart e instaurou um governo militar, que permaneceu por quase trinta anos no poder. Também em 1964, depois de intensas negociações, foi gravada *A triste partida*. Segundo Assis Ângelo, Gonzagão tentou convencer o poeta sertanejo a passar a toada para o nome a troco de algum dinheiro, na tentativa rechaçada por Patativa com a frase: "Não faço da minha lira profissão". A canção foi um sucesso definitivo na vida de seu autor e de seu intérprete.

# Brasil de baixo, Brasil de cima

Patativa do Assaré foi sobretudo um artista do povo, com uma visão apuradíssima dos problemas sociais que sempre cercaram o país onde ele nasceu e viveu por mais de nove décadas. Pode ser considerado um clássico, uma vez que se utilizou de inúmeras ferramentas das normas cultas poéticas para construir sua obra e versejou em formas eruditas e clássicas, como o soneto; mas também pode ser considerado popular, tendo construído uma invejável poética alimentada por temas rurais, cantando a vida do homem do campo.

O conteúdo social da poesia de Patativa está marcado em versos em que lamenta a sorte do caboclo abandonado ou expõe o abandono a que está relegado o indivíduo pobre. Com inteligência e sensibilidade aguda, o grande representante do povo do Nordeste, que se intitulava "poeta e cantor da roça", traduziu com esmero e conhecimento de causa toda a realidade social em que viveu, juntamente com os seus conterrâneos.

No poema *Brasi de cima e Brasi de baxo* está expresso, na linguagem espontânea do povo que o bravo cearense da Serra de Santana conhecia tão bem, situações marcantes de desigualdade social, eterno problema brasileiro:

* O poema será reproduzido respeitando a grafia original.

*Meu amigo e companhero,*
*Faz quage um ano que eu tou*
*Neste Rio de Janero;*
*Eu saí do Cariri*
*Maginando que isto aqui*
*Era uma terra de sorte,*
*Mas fique sabendo tu*
*Que a miséra aqui no Sú*
*É esta mesma do Norte.**

*Tudo o que procuro acho.*
*Eu pude vê neste crima,*
*Que tem o Brasi de Baxo*
*E tem o Brasi de Cima.*
*Brasi de Baxo, coitado!*
*É um pobre abandonado;*
*O de Cima tem cartaz,*
*Um do ôtro é bem deferente:*
*Brasi de Cima é pra frente,*
*Brasi de Baxo é pra trás.*

*Aqui no Brasil de Cima,*
*Não há dô nem indigença,*
*Reina o mais soave crima*
*De riqueza e de opulença;*
*Só se fala de progresso,*
*Riqueza e novo processo*
*De grandeza e produção.*
*Porém, no Brasi de Baxo*
*Sofre a feme e sofre o macho*
*A mais dura privação.*
*(...)*

O professor Plácido Cidade Nuvens, estudioso de Patativa do Assaré e autor do livro *Patativa do Assaré, um clássico* (Crato: A Província Edições, 2002), significativo para o estudo e a compreensão da obra do poeta, certa vez escreveu: "A realidade emerge com toda sua vitalidade na poesia de Patativa. Não apenas na candura lírica do seu telurismo acendrado. Mas numa configuração social bem delineada. E não apenas na sensibilidade descritiva, mas numa rigorosa interpretação que aponta, na combinação das variáveis componentes do quadro, a preponderância da estrutura agrária".

# Popular-clássico

O Patativa do Assaré de inspiração popular é também um artífice da palavra poética na melhor acepção da poesia literária e clássica, como observaram diversos estudiosos. A imprensa também observou essa característica. Em 1978, a propósito do livro *Cante lá que eu canto cá*, o jornalista José Ramos Tinhorão, crítico musical e literário, escreveu em uma matéria para o *Jornal do Brasil*:

**"Ao contrário dos cantadores de improviso ou poetas de cordel, que se dedicam ao romance, à rememoração ou invenção de desafios, ao comentário de acontecimentos históricos e à demonstração de conhecimentos, nos folhetos de ciências, Patativa identifica-se mais com os poetas literários, dando preferência à criação livre em redondilhas e em decassílabos, sem desprezar as combinações métricas com o encadeamento de duas redondilhas maiores numa mesma linha, originando um verso de 14 sílabas. Ou ainda, com o uso de um verso em redondilha maior, solto, completando o pensamento expresso".**

Em estudo sobre a literatura de cordel, na Universidade Federal do Ceará, o professor de Mestrado Luís Tavares Júnior também ressalta a utilização de dois códigos de linguagem em Patativa. Diz o mestre: "Fenômeno da poesia popular, Patativa do Assaré é senhor de seu ofício, utilizando-se de uma linguagem dupla, ora de vocabulário e sintaxe sertanejo nordestino, ora de uma lexicologia e de construções fraseológicas talhadas nos limites da linguagem padrão".

Outro respeitável analista da obra de Patativa, o crítico Gilmar de Carvalho, assinala que "quem assume que fez um poema, nos moldes camonianos (do vate português Luiz de Camões, não é isto?), está longe de ser um ingênuo iletrado. Patativa foi um leitor voraz dos poetas românticos, o que o levou a eleger Castro Alves como o seu preferido em função do compromisso social".

O que nos mostram todos esses passeios em torno da grande obra do nosso imenso personagem? Quem além de ser conhecido no Brasil – e no mundo, pois está sendo estudado também na Universidade de Sorbone, na França – como a expressão maior dos poetas populares, Patativa do Assaré é também um poeta clássico, na acepção literária do termo.

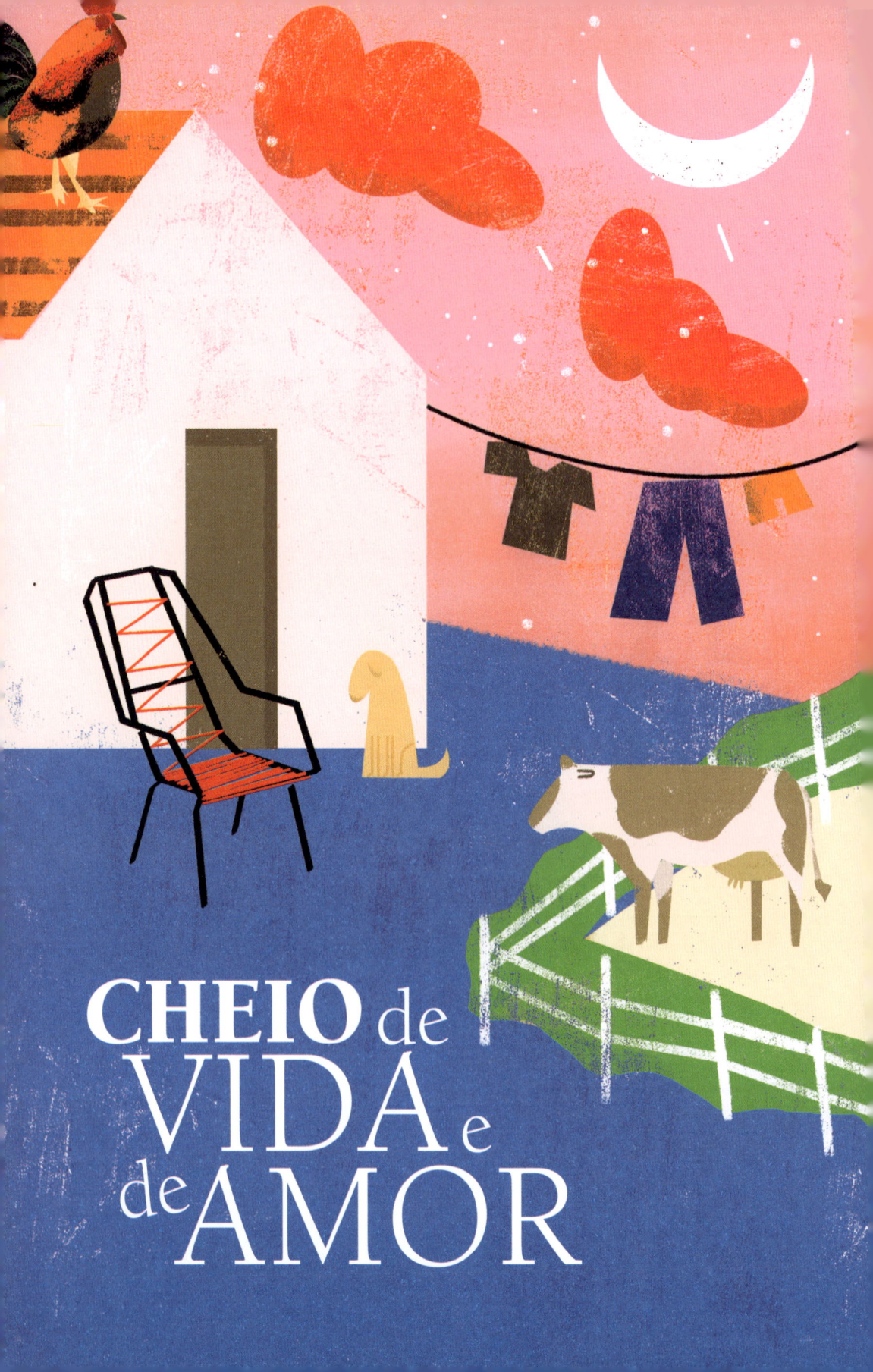

**CHEIO** de **VIDA** e de **AMOR**

Em seu ótimo livro "O poeta do povo", sobre a vida e a obra do grande poeta do nordeste e dos seus "nordestinados", Assis Ângelo nos diz que Patativa era um homem cheio de vida, cheio de amor pela vida e pelas pessoas. Que gostava muito, além de fazer versos inspirados e improvisados, de trocar ideias, de conversar, falar sobre todos os assuntos.

"E ele falava de tudo; e tudo em versos ora improvisados, ora puxados lá do bem-fundo da sua cachola privilegiada, tal qual um disquete de computador de última geração, sem falhar. Se eu o provocava para falar de homem, mulher e menino, ele falava de homem, mulher e menino; se eu o provocava para falar de vida, sol, lua, estrela, cáctus, vaca, carro de boi, amanhecer, passarinho, prisão, reforma agrária, política, amor, ciúme, amizade, velhice, casa, casebre, alegria, tristeza, felicidade, seca, terra, água, mar, Deus. De tudo falava e fala o poeta, pois para tudo o poeta tinha sempre uma resposta pronta na ponta da língua; fosse uma resposta em versos setessílabos ou decassílabos, fosse uma resposta em sextilhas ou em versos encaixados na forma de soneto [ ... ]".

**Prisão:**

- Ainda segundo o pesquisador, Patativa do Assaré foi preso por um policial militar em sua cidade natal, em 1943, acusado de desacato à autoridade. Como tudo o que ele fazia, ou via alguém fazer, se tornava matéria-prima para o seu tutano poético, o episódio rendeu esses versos, nos quais "se compara à ave cujo nome lhe deu fama nacional: 'Tu presa para cantar/Eu preso porque cantei'".

**Reforma agrária:**

- Antes dos Severinos do poema *Morte e vida Severina*, do pernambucano João Cabral de Melo Neto, que apenas desejavam "ter um hectare de terra/De pedra e areia lavada", ou do lavrador que ganhava a vida na enxada e o que plantava era dividido "com quem nunca plantou nada", do maranhense João do Vale, o cearense Patativa já bradava em defesa da reforma agrária, da necessidade de alguma justiça na divisão da terra, recitando para os amigos e admiradores na feira de Assaré.
O belíssimo poema *Severino* de Patativa mostra que a terra é obra e criação de Deus, razão pela qual ela é de todas as criaturas. Mais ou menos como já bradava outro nordestino arretado, o baiano Glauber Rocha, quando no filme seminal *Deus e o diabo na terra do sol* garante que "a terra é do homem!".

**Política:**

- Convidado pelos políticos nordestinos Teotônio Vilela e Miguel Arraes, Patativa do Assaré começou, em 1984, a participar dos comícios públicos da campanha das Diretas-Já. Ao lado de vários artistas importantes da música e do teatro, percorreu boa parte do Brasil. Em todo lugar onde chegava, declamava os seus poemas.

# "Eu saio descrevendo"

Como o lírico Manuel Bandeira e o leve e simples (sem ser simplório) Mário Quintana, Patativa do Assaré optava, escrevendo ou falando, pela linguagem direta e sem floreios. Livre de qualquer empáfia, mas carregada de poesia. Em *Digo e não peço segredo*, ele explica assim a razão para o título de uma de suas obras:

> **"Tem gente que vê o título do meu livro *Ispinho e fulô* e não sabe o que é. Aí logo na entrada eu digo por que *Ispinho e fulô*. É porque a vida de cada um, meu filho, tem dores e prazeres, viu? Não há quem tenha uma vida só de sofrimentos e nem uma vida só de prazeres. É espinho e flor. Eu saio descrevendo".**

Simples assim. Simples e bonito.

# As flores em vida

     Em seus últimos anos de vida, Patativa recebeu inúmeras homenagens por este Brasil afora e adentro. Também em seu estado, o Ceará, o poeta foi tratado com muito carinho por alguns políticos e governantes. Suas duas últimas coletâneas de poemas, *Ispinho e fulô*, 1988 e *Aqui tem coisa*, 1994, foram editados por ou com apoio de instituições culturais públicas. Os últimos discos – *Seca d'água* (compacto simples da campanha "Nordeste Já", 1985) e *Canto nordestino* (1988, disco promocional) – também.

     Em 1995, Patativa recebeu a mais importante condecoração da Assembleia Legislativa do Ceará, a Medalha José de Alencar. Seu biógrafo, Assis Ângelo, nos conta que durante essa solenidade (no dia 24 de março, no Teatro José de Alencar), Patativa do Assaré chamou a atenção do então presidente da República, Fernando Henrique Cardoso, e do então governador cearense, Tasso Jereissati, "para os problemas do povo. Falou do desemprego, da fome, da seca e mais uma vez da reforma agrária que não se desenroscava".

# Um poeta libertário

A veia poética e libertária de Patativa o levou a escrever, a exemplo do lindo poema sobre as criações divinas e as lutas do homem sobre a terra, outros sobre o mesmo tema, nem sempre publicados em livros, às vezes escritos à mão para amigos ou lidos em público em Assaré. Só no ano de 1978 o poeta escreveu diversos desabafos contra a exploração do homem do campo.

A partir do reconhecimento do fato de que estava diante de um gênio da poesia e das artes, o governo do estado do Ceará, justiça seja feita, não deixou em momento algum de prestigiar o seu grande artista. Em 1978, a Fundação Padre Ibiapina e o Instituto Cultural do Cariri coeditaram, com a Editora Vozes, o segundo livro do poeta, *Cante lá, que eu canto cá*.

Em 1989, a Universidade Regional do Cariri (CE) concedeu a Patativa o título de Doutor *Honoris Causa*; em 1995, o poeta recebeu das mãos do então presidente da República, Fernando Henrique Cardoso, em solenidade promovida pelo governo estadual, em Fortaleza, prêmio do Ministério da Cultura na categoria Cultura Popular.

No dia 5 de março de 1999, data em que comemorava 90 anos de idade, e três anos antes de partir para as estrelas, aconteceu a mais bonita das homenagens ao poeta: foi inaugurado em sua cidade natal o Memorial Patativa do Assaré, onde está guardada boa parte da vida, dos sonhos e da obra do bravo nordestino Antônio Gonçalves da Silva. Em belíssima festa organizada para o poeta, vários artistas – Fagner à frente – subiram ao palco para cantar poemas do livro *Inspiração nordestina*, musicados pelos compositores Gildário e Téo Azevedo.

# FALOU quem mais ENTENDE – três OLHARES ATENTOS

### Poesia vital

"A poesia de Patativa é cheia da vitalidade própria da linguagem regional, mas por sobre ela o bardo campesino espalhou a riqueza de sua inspiração, a delicadeza de suas concepções, o fascínio de seu lirismo e a mordacidade afiada de sua sátira".

(José Arraes de Alencar, filólogo,
maior autoridade em Patativa do Assaré)

### Palavras mágicas

"Patativa é, poeticamente, um vulcão em constante erupção. A sua poesia é clara e simples, toca diretamente o coração sofrido do povo nordestino. Tão clara e simples é a sua poesia que chega a tocar também o coração dos chamados intelectuais de carteirinha, aqueles cidadãos letrados que costumam andar com o nariz arrebitado. Faz um tipo de poesia que encanta e nos leva a refletir sobre a realidade do sertão. Suas palavras parecem mágicas. Parecem, não. São mágicas".

(Fagner, cantor e compositor,
seguidor e parceiro de Patativa do Assaré)

### Poeta universal

"Patativa nos mostrou que há muito deixou de ser do Assaré para ser do mundo. Sua obra é como uma grife, espécie de fala que existe como suporte para traduzir o universal. A dicção matuta nem de longe significa que ele não compreenda ou não saiba produzir poemas eruditos".

(Luiz Tadeu Feitosa, no prefácio de
*Digo e não peço segredo*, coletânea de Patativa do Assaré)

# A **FONTE** PATATIVANA

Pouco antes de deixar a terra seca, travar o canto e partir para o reino dos pássaros encantados, Patativa do Assaré mandou esses dois recados, para todo mundo, de uma maneira geral, e para os fãs, em particular:

**"A minha mensagem será sempre sobre a justiça e a verdade. Olhe, eu nunca ofendi a ninguém, nunca ataquei a seu ninguém, mas ninguém pode reclamar as verdades que eu digo. (...) O futuro a Deus pertence. Eu acho que já fiz algumas coisas, se chegar a hora, eu tô pronto porque também não tem jeito. Fica aí o Memorial Patativa do Assaré e meus versos e a Fonte Patativana".**

# Memorial

A inauguração do Memorial Patativa do Assaré aconteceu em momento oportuno. A partir daquela data, o poeta passou a enfrentar dissabores com problemas de saúde, que lhe tiraram muito da animação, da alegria e da vontade de criar. Começou a agir como uma luz, que se apagava aos poucos. E que se apagou de vez no dia 8 de julho de 2002, em sua casa modesta, porém confortável, em Assaré, devido a falência múltipla dos órgãos, após ter enfrentado uma pneumonia dupla, infecção na vesícula e problemas renais. Foi enterrado no dia seguinte, no cemitério local.

# O poeta no cinema

Em maio de 2007, estreou nacionalmente em Fortaleza, no festival 17º Cine Ceará, o filme *Patativa do Assaré – Ave, poesia!*, do cineasta cearense Rosemberg Cariry, passeando com muita beleza e poesia pelos 93 anos de vida e poesia de Patativa do Assaré. Um mergulho na história do maior poeta popular brasileiro, um homem que, segundo os realizadores da obra, foi capaz de transformar "um pingo d'água em um oceano de rimas".

Além da imagem "oficial" do poeta, o documentário mostra aspectos do seu trabalho na roça e do cotidiano com a família e os amigos. A narrativa começa com imagens do velório de Patativa e, a partir daí, percorre sua vida, com referências a acontecimentos pessoais e históricos, destacando a relevância de seus poemas, o significado político de seus atos e sua imensa contribuição à cultura brasileira. Para o realizador do filme, "Patativa é mais do que um poeta. Ele representou a figura arquétipa do velho sábio, do grande mestre, a quem sempre prestamos reverência. A poesia, a consciência política e a ética do Patativa são coisas que marcaram a conduta de vida de uma geração". Na construção de *Patativa do Assaré – Ave Poesia!*, que tem 84 minutos de duração, Rosemberg Cariry mergulhou em seu arquivo pessoal. "Depois da morte do poeta, passei algum tempo para criar coragem e fazer o filme. Foi quando me debrucei sobre meu farto material", declarou o cineasta, em entrevista, no lançamento do filme.

# Autobiografia

*Eu, Antônio Gonçalves da Silva, filho de Pedro Gonçalves da Silva e de Maria Pereira da Silva, nasci aqui, no Sítio denominado Serra de Santana, que dista três léguas da cidade de Assaré. Meu pai, agricultor muito pobre, era possuidor de uma pequena parte de terra, a qual, depois da sua morte, foi dividida entre os cinco filhos que ficaram, quatro homens e uma mulher. Eu sou o segundo filho. Quando completei oito anos, fiquei órfão de pai e tive que trabalhar muito, ao lado de meu irmão mais velho, para sustentar os mais novos, pois ficamos em completa pobreza. Com a idade de doze anos, frequentei uma escola muito atrasada, na qual passei quatro meses, porém sem interromper muito o trabalho de agricultor. Saí da escola lendo o segundo livro de Felisberto de Carvalho e daquele tempo para cá não frequentei mais escola nenhuma, porém sempre lidando com as letras, quando dispunha de tempo para este fim. Desde muito criança que sou apaixonado pela poesia, onde alguém lia versos eu tinha que demorar para ouvi-los. De treze para quatorze anos comecei a fazer versinhos que serviam de graça para os serranos, pois o sentido de tais versos era o seguinte: brincadeiras de noite de São João, testamento do Judas, ataque aos preguiçosos que deixavam o mato estragar os plantios da roça etc.*

*Com dezesseis anos de idade, comprei uma viola e comecei a cantar de improviso, pois naquele tempo eu já improvisava, glosando os motes que os interessados me apresentavam. Nunca quis fazer profissão de minha musa, sempre tenho cantado, glosado e recitado, quando alguém me convida para este fim. Quando eu estava nos vinte anos de idade, o nosso parente José Alexandre Montoril, que mora no Estado do Pará, veio visitar Assaré, que é seu torrão natal, e ouvindo falar de meus versos, veio à nossa casa e pediu à minha mãe para que ela deixasse eu ir com ele ao Pará, prometendo custear todas as despesas. Minha mãe, embora muito chorosa, confiou-me ao seu primo, o qual fez o que prometeu, tratando-me como se trata um próprio filho. Chegando ao Pará, aquele parente apresentou-se a José Carvalho, filho de Crato, que era tabelião do 1º Cartório de Belém. Naquele tempo, José Carvalho estava trabalhando na publicação de seu livro O matuto cearense e o caboclo do Pará, o qual tem um capítulo referente a minha pessoa e o motivo da viagem ao Pará. Passei naquele*